AF356644

LE JEU

ET SES SYSTÈMES.

BRUX., IMP. DE J. DELFOSSE, LITH. DE LA COUR, RUE D'ASSAUT, 16.

LE JEU
ET SES SYSTÈMES.

APHORISMES, ETC.,

SUIVIS D'UNE

MÉTHODE NOUVELLE

ET LA MOINS COUTEUSE,

POUR DOUBLER CHAQUE JOUR SON CAPITAL

EN QUATRE HEURES,

PAR

ALBÉRIC TAILLEROCHE.

PREMIÈRE ÉDITION.

Tous droits réservés.

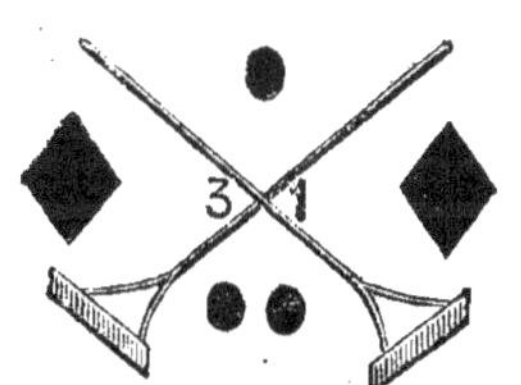

PREMIÈRE PARTIE.

———

Mai 1863.

I.

QUELQUES MOTS AU LECTEUR.

Amis lecteurs, et vous tous que la curiosité obligera de m'acheter, je vous préviens que je n'ai pas ici la prétention de faire mieux que mes devanciers dans le genre.

Arrière de moi telle pensée !

Je veux seulement vous mettre en garde contre tous les traités · passés, présents et futurs dont la couverture alléchante vous promet une solution, un gain positif soit à la Roulette, soit au Trente et quarante.

Que le premier d'entre vous me réponde : Qu'y a-t-il trouvé après s'être nourri de leurs principes, — et avoir ainsi passé, à pure perte, des heures qu'il aurait pu employer beaucoup plus utilement, sinon pour soi, du moins pour le prochain ? — Rien, rien, rien !

Et si par malheur, tenté par quelque puissance fatale, il a voulu mettre à essai les promesses chatoyantes de ces innocents mais dangereux opuscules, qu'y a-t-il encore trouvé ? Peut-être, au début de ses expériences, un peu d'appât ; mais, en somme, un résultat négatif en tout et partout.

Espérant que la conviction avec laquelle je cherche à vous persuader des nombreuses désillusions du jeu vous excitera à m'accorder au moins vingt minutes d'attention, je finis ma courte préface et vais vous communiquer quelques réflexions que plusieurs années d'expérience ont amassées dans ma plume, et que de nombreuses autorités, en fait de jeu, ont placées çà et là dans leurs ouvrages.

II.

APHORISMES.

§ I. Depuis l'apparition de Robert le Diable, dans l'opéra de ce nom, nous savons que *l'Or est une chimère*.

A mon avis, *le Jeu* l'est bien plus encore, puisqu'en jouant l'on se met à la recherche d'une chimère,... *l'Or*.

—

Partant de là, et admettant qu'Or et Jeu sont chimères, il devrait, semble-t-il, arriver un moment donné, — sans cela la physique a menti, — où l'or et le jeu ne feraient plus qu'un et s'appartiendraient l'un à l'autre, en vertu de l'affinité.

—

Mais l'or et le jeu ne sont pas homogènes, l'un étant abstrait de sa nature, l'autre étant solide.

Conclusions.

Le jeu n'a pas en son pouvoir de mettre l'or... au nôtre.
Donc, *à toute règle il y a des exceptions.*
Donc, la physique a dit vrai.
Donc, un joueur ne peut jamais avoir l'assurance de gagner.
Donc les chances de perte sont en majorité pour lui.
Ergo, ne jouez pas!!!

Tous les joueurs jouent dans l'espoir de gagner, et perdent.

Jamais on ne se met au jeu pour perdre.

Il est plus difficile de gagner que de perdre.

Donc, il ne faut jamais jouer pour gagner.

---

§ II. Le jeu est, dit-on, la passion des désœuvrés, — des riches, — et des gens ruinés.

Or le désœuvrement c'est l'ennui. — L'ennui fournit aux maisons de jeu leur meilleure clientèle.

L'ennui naquit un jour de l'uniformité.

C'est sans doute pour cela que la plupart des désœuvrés recherchent une uniformité d'ennuis dans le jeu; — ils ne peuvent d'ailleurs y trouver autre chose.

Mais, direz-vous, on peut se distraire en perdant...

A cela je répondrai :

... Son temps ou sa vertu, c'est possible; mais son argent? — jamais !

Mais, direz-vous encore, le jeu est un passe-temps, un besoin même, pour une certaine classe de la Société, pour les riches ! — Bien des jours de la vie seraient, sans le jeu, à charge à beauconp d'humains.

Mais ces gens qui, parce qu'ils sont riches, se croient permis de

... jeter dans le gouffre
Ce qui soulagerait l'honnête homme qui souffre,
L'ouvrier sans travail, la vierge que la faim
Va conduire peut-être à déplorable fin,

sont-ils encore autorisés à porter le doux nom d'humains, alors qu'en utilisant mieux leur surabondance de richesses ils pourraient soulager tant de malheureux?

Quant aux gens ruinés qui essayent de se refaire au jeu, ils n'en deviendront que plus misérables encore; leurs efforts sont aussi vains, en voulant maîtriser le hasard qui préside à la sortie de tous les coups du jeu, que s'ils voulaient tenter, à nouveau, de remplir feu le tonneau des Danaïdes.

Conclusions.

En jouant, on perd son temps, le sentiment et son argent.
Donc, le jeu est contraire à tous les systèmes d'économie connus.
Donc, tout joueur est un homme privé de sentiment.
Donc, le meilleur moyen de s'enrichir est de ne pas jouer.
Ergo, ne jouez pas !

§ III. Si le jeu exclut de l'esprit et du cœur tout sentiment honnête et bon, il ne peut que porter le joueur au mal :

N'avons-nous pas vu, en effet, des milliers de victimes dévalisées par le jeu, reconnaître, hélas ! quand il en est souvent trop tard, la vérité de cette maxime de Vauvenargues : « *L'espérance est le plus utile ou le plus pernicieux des biens?* » et après avoir usé de tous les moyens extrêmes capables de les ravitailler, s'abandonner complétement au désespoir et mettre en action le terrible adage de Voltaire :

> Quand on a tout perdu et qu'on n'a plus d'espoir,
> La vie est un opprobre et la mort un devoir.

Combien de joueurs, après avoir perdu le dernier sou qui appartenait à l'héritage de la famille, s'en vont, en quittant la table de jeu, mettre fin à leurs émotions par le suicide !

> Espérances trompées,
> Tristes réalités, tout vous pousse à ce sort...
> Perdu... déshonoré... quel refuge ? — La mort !
> Et quand de cette mort tout noble cœur se navre,
> La roulette toujours tourne sur le cadavre.
> Quand un joueur se tue, alors, de la Redoute
> L'orchestre, par pudeur, s'arrête un jour, sans doute :
> Sous les tilleuls, c'est vrai, mais non dans les salons.

Ces vers d'Arago ne peignent, hélas ! qu'une vérité trop connue : A Hombourg, à Wiesbaden, etc., s'il arrive qu'un de ces malheureux se suicide dans les salons — le désespoir du joueur ne lui laissant souvent pas le temps de choisir le lieu de son dernier crime, — les jeux ne cessent tout au plus que pendant qu'on enlève le cadavre expirant, et le sang fumant encore, et qui crie vengeance au ciel et révolte à l'humanité !

Si l'accident arrive au dehors, dans les jardins ou dans les dépendances du Cursaal, il va sans dire que tailleurs et croupiers choisiront cette circonstance pour répéter une fois de plus : *Messieurs, faites le jeu, rien ne va plus..., le jeu est fait.*

Oui, hommes avides de sang et d'argent, vous l'avez dit : le jeu est fait, le crime est consommé : *consummatum est !*

Pour se repentir on ne recouvre pas ses florins, dit un proverbe ; cela est vrai, et ce fut sans doute ce proverbe qui frappa le plus l'esprit d'un infortuné jeune homme, âgé de vingt-cinq ans à peine, et qui dans une lettre d'adieux au ministre belge lui demande, en maudissant les jeux...

> De fermer à jamais d'une porte d'airain
> Le temple où le croupier est maître et souverain ;
> Et qui devrait montrer en sanglants caractères,
> Pour effrayer des jeux les pauvres tributaires,
> L'inscription terrible et que Dante a pu voir
> Au fronton de l'enfer : *Ici meurt tout espoir !*

Triste réalité ! L'espérance introduit chaque joueur dans ces beaux salons, et tôt ou tard les regrets et les remords l'invitent à en sortir !

Conclusions.

Le jeu est la pire des infirmités de l'âme, puisqu'il est le résultat de l'ennui, de la cupidité et de la paresse.

Donc, le jeu n'est qu'une passion qui fait succéder la crainte aux désirs ; la colère, à l'espérance ; la mort, aux regrets.

Ergo, ne jouez pas !

COROLLAIRE : Près de Baden-Baden, l'un des premiers tripots de l'Allemagne, il y a sur le Grand Staufenberg un autel et une tour consacrés à Mercure par un certain Curius.

Or, Mercure, dieu des marchands, est aussi le dieu des voleurs.

Quelle diable d'idée ce bon Curius a-t-il donc eue en venant bâtir près de Baden, en l'honneur de Mercure?

C'est qu'en prophète il prévoyait
Qu'un Cursaal on y construirait !

III.

RÉFLEXIONS.

Le jeu, ce monstre affreux, va par gradation :
D'abord amusement, il devient passion
Lorsque l'avidité le stimule, l'anime;
Puis la mauvaise foi le pousse dans le crime.
C'est l'échelle de feu que, sous un doigt puissant
Et degré par degré, chaque joueur descend.

Vouloir entreprendre ici l'énumération des fortunes englouties dans les maisons de jeu, ce serait un travail d'encyclopédiste ; il en est de même pour la longue litanie des suicides : chaque année vient en enrichir la collection. Indistinctement, hommes, femmes, vieillards, jeunes gens de toute classe et de toute qualité viennent se ranger sur le livre noir des administrations de jeu et dans le cimetière des suicidés !

C'est l'apothéose de la Roulette et du Trente et quarante ! — C'est un tableau moral dont les lois devraient empêcher la reproduction !

Tous les joueurs, avons-nous déjà dit, finissent par perdre, à cause de l'inégalité des chances; s'il en est un parfois à qui la Roulette ou le Trente et quarante accorde une de ses rares faveurs, il est presque certain que le lendemain il reperdra tout ce qu'il avait gagné la veille; l'envie et la soif des richesses ont-elles des bornes pour un joueur?

Le jeu est même funeste aux habitants des localités où on lui élève des temples :

> Par ses derniers calculs et par ses artifices
> La Redoute aux Spadois reprend leurs bénéfices;
> On voit, en un seul jour, du seuil de la maison
> S'envoler vers le jeu le gain de la saison;
> Des ventes, des loyers, rien, hélas! n'y séjourne :
> Ce qui vient du travail au vice s'en retourne.
> Ainsi du règlement l'article protecteur
> Pour le Spadois lui-même est un titre menteur.
> N'est-ce donc pas assez, croupiers, que l'on vous livre
> Le sot qui du destin croit lire dans le livre;
> L'homme blasé qui jette un peu d'or en passant;
> Le banquier, fort expert au cinq et six pour cent,
> Et qui donne au rateau ses reports de la Bourse;
> La catin qui vieillit et cherche une ressource
> Autour du tapis vert; le Russe et le Français,
> Envoyés en espions dans les jeux, désormais;
> L'héritier qui chez vous fait son apprentissage,
> Le touriste naïf, pauvre oiseau de passage?
> N'est-ce donc pas assez de tous ces inconnus
> Qui vous portent leurs fonds avec leurs revenus?

Après avoir médité ces vers, ne serait-on pas tenté de croire que c'est en faisant allusion aux maisons de jeu que Proudhon a dit : *La propriété c'est le vol?*

***

Buffon a dit : « Le jeu est une passion avide dont l'habitude est ruineuse. Un joueur n'attribue ses pertes qu'à ce hasard qu'il accuse d'injustice ; il regrette également ce qu'il a perdu et ce qu'il n'a pas gagné. Aussi humilié de se trouver dans la nécessité qu'affligé de n'avoir plus de moyen de satisfaire sa cupidité, dans son désespoir, il s'en prend à son étoile malheureuse ; il n'imagine pas que cette aveugle puissance, la fortune du jeu, marche d'un pas indifférent et incertain, mais qu'à chaque démarche elle tend néanmoins à un but et tire à un terme certain qui est la ruine de ceux qui la tentent. »

Comment admettre, après avoir lu ces lignes, le principe de

Napoléon, d'après lequel un jour viendra où des millions viendront se mettre à notre disposition et en notre pouvoir... par le jeu !

Napoléon — le Grand, bien entendu — n'a-t-il pas dit : « *Le jeu est une affaire purement mathématique, les mathématiques tueront le jeu* » ?

C'est sans doute ce problème que depuis plus de cinquante ans, des millions... de joueurs ont essayé de résoudre, sans que jusqu'à ce jour ils soient parvenus à trouver pour résultat autre chose que des millions de... déceptions !

—

De là des systèmes à l'infini, trouvés par les uns, essayés par les autres ; revus, corrigés et considérablement augmentés par ceux-ci, embrouillés par ceux-là, simplifiés par X et renversés par Z...

—

Mais, infortunés joueurs, qui posez tous comme les nobles chercheurs de la pierre philosophale, songez donc bien que le coup qui suit est invariablement indépendant de celui qui précède, et que s'il arrivait un jour qu'un système quelconque fût capable d'enlever au tapis vert un denier bien assuré par heure, le lendemain même, toutes les banques fermeraient leurs portes et n'existeraient plus !

Cela est logique, et si quelqu'un de vous, lecteurs, peut me prouver le contraire, je lui cède à l'instant tout le bénéfice que me rapporteront peut-être les quelques pages que je livre aujourd'hui à la publicité.

—

IV.

PROVERBES. — SENTENCES. — MAXIMES.

L'argent, le profit, voilà le but de tous nos efforts, l'unique pensée de nos veilles et de nos nuits.

—

Les revers n'ébranlent pas plus la confiance du joueur que la perte d'une armée n'ébranle le courage d'une nation.

Si les eaux guérissent parfois le mal de certains malades, le jeu ne fait qu'envenimer celui des autres.

—

Je m'étonne de ne point trouver au débarcadère de certaines villes de bains cet avertissement salutaire, traduit en plusieurs langues : ICI ON TRAITE LES INFIRMITÉS DU CORPS ET L'ON AUGMENTE CELLES DE L'AME.

—

Fortune est nourrice de folie.

—

Quand fortune donne trop de biens, elle se joue.

—

Tôt est perdu avoir mal conquesté.

—

Nul bien sans peine.

—

Entrer et perdre dans des maisons de jeu est synonyme. La Bruyère a dit : « On devrait lire sur leur porte : Ici l'on trompe de bonne foi ! »

—

Madame Deshoulières a écrit, en parlant des joueurs ruinés :

> On commence par être dupe,
> On finit par être fripon.

—

Au jeu comme au gibet, le repentir vient trop tard.

—

L'argent ne se perd que faute d'argent.

—

Qui a beaucoup perd beaucoup.

—

Quoi qu'en ait dit Napoléon — le Grand, — le calcul ne triomphera jamais du hasard. Il est vrai que feu le premier Empereur a dit bien d'autres choses aussi utopiques ; peut-être Napoléon III — dit le Petit — essayera-t-il de résoudre quelques problèmes de ce genre, posés par monsieur son oncle.

—

On lit dans Cicéron : *Juventutem alunt, senectutem delectant.* Nous pouvons appliquer cette expression au jeu.

En effet, tous, autant que nous sommes, nous jouons : l'enfant joue au berceau, le vieillard dans son lit, le soldat au corps de garde, le monarque au palais ; la femme, à la vertu.

En somme, l'homme est porté aussi naturellement à la passion du jeu qu'à celle de l'amour. Mais lorsque l'amour s'éteint, le jeu brûle encore dans son âme ; lorsque la vieillesse arrive, une seule illusion le rattache encore à la vie, celle du jeu !

Les joueurs l'emportent donc en nombre sur les amoureux, comme les mauvais payeurs sur les bons.

—

Nul ne doit désirer plus qu'il n'a, de peur de perdre ce qu'il a.

—

Heureux au jeu, malheureux en ménage.

—

L'argent que l'on retire du jeu a une source impure : Bien mal acquis ne profite pas.

—

Quœrens periculum, in periculo peribit, — a dit Jésus-Christ : — donc celui qui cherche sa fortune au jeu s'y perdra lui-même.

—

La plupart des joueurs nous laissent eux-mêmes des souvenirs de leurs cruelles déceptions dans chaque ville de jeu, en inscrivant leurs malédictions et leurs anathèmes en quatrains rimaillés çà et là, sur les bancs, les murs, les arbres et les kiosques des promenades.

Parallèle.

Le règlement des maisons de jeu interdit de tenir la plus petite masse sur parole. Jouer sur parole, c'est la ruine et le déshonneur, a dit Grégoire.

Voilà probablement pourquoi il y a autant de déceptions dans les jeux de Bourse que dans ceux du Trente et un et de la Roulette.

Ceux-ci ne tiennent que les enjeux sur table, ceux-là acceptent tout sur parole ; si d'un côté l'on risque quelquefois son honneur et sa fortune, il arrive souvent que, de l'autre, on perd, avec sa délicatesse et son nom, l'honneur de tous les siens et les moyens d'existence de ceux qui ont le droit de compter sur nous.

D'une part les hasards et les caprices du jeu sont toujours ignorés d'avance ; de l'autre, les événements accomplis, présents ou futurs, peuvent être le secret de quelques grands financiers qui, abusant des priviléges de leur position, en font leur profit personnel au détriment de n'importe qui, et s'élèvent ainsi un piédestal orgueilleux sur les dépouilles d'autrui. Rien, en effet, n'est plus cher à un boursier — c'est la qualification de tout honnête homme qui hante cet autre tripot qu'on appelle la Bourse — que de ruiner ou d'anéantir un de ses semblables ; en écartant de son chemin toute concurrence, il est au moins plus sûr de *parvenir !*

Si les maisons de banque tolérées exploitent les plus viles passions des faibles humains, la Bourse offre chaque jour un spectacle bien plus odieux : l'exploitation de l'homme par l'homme !

M. Jouet de Lanciduais a dit avec raison, en parlant de la Bourse : « Tout devrait y être aussi loyal et régulier qu'au notariat ; eh bien, c'est tout le contraire ; tout y est mystérieux, ténébreux : c'est la bouteille à l'encre.

Concluons en souhaitant de voir bientôt inscrits sur tous les temples élevés au jeu et à la Bourse, ces beaux vers de M. Cousin d'Avallon :

> Il est deux portes à cet antre ;
> L'une s'ouvre à l'espoir, l'autre au crime, à la mort ;
> C'est par la première qu'on entre,
> Et par la seconde qu'on sort.

V.

DES SYSTÈMES.

> Lancé dans le vide, l'égarement de l'esprit
> n'a pas de limite.

Autant de joueurs de Roulette et de Trente et quarante, autant de systèmes, autant de créations ridicules, autant d'échafaudages établis dans le vide !

Il est presque aussi impossible d'énumérer tous les systèmes mi
en pratique, que de compter les grains de sable d'une plage.

La plupart des systèmes ont été trouvés par des expériences d
cabinet, toujours basées sur l'ignorance et le vide.

Parce qu'une marche a réussi plusieurs fois de suite, on e
conclut qu'elle est bonne.

Mais la présence de la figure qui doit faire tomber ce système n
fait souvent défaut que parce que le temps des expériences n'a pa
duré ce qu'il fallait pour l'amener ; et qui vous dit qu'en recom
mençant un jour, une heure, un instant après, cette même figur
ne se serait pas présentée pour renverser tout votre travail ?

N'est-il pas, d'ailleurs, des coups qui n'arrivent pas quelquefoi
durant la vie de l'homme, tels que les coups de 20 à 25, etc. ? —
Aucune banque ne pourrait citer, dans ses annales, des retou
périodiques de ces coups qui ne doivent sortir à un momen
donné qu'en raison des difficultés qui les composent.

Un joueur se rappelle-t-il avoir vu sortir 29 rouges ou 29 noire
consécutives ? — (C'est le terme moyen des coups dont se compos
une taille.) — Evidemment le cas est des plus rares, mais il pe
se présenter.

En général, dit M. Jouet de Lanciduais, ces myriades de systè
mes, si différents en apparence, et en réalité toujours les même
offrent toujours la même conséquence : une opération fausse, e
ce qu'elle porte sur une base mal calculée, parce que la sort
qu'elle représente n'a pas une révolution analogue au temps d
l'attaque, et le plus souvent à la somme que l'on emploie ; il n'y
de stable, à la Roulette et au Trente et quarante, que les élémen
de ces jeux.

A la Roulette : 36 numéros et 2 zéros, soit 38 chances, do
19 rouges et 19 noires.

Au Trente et quarante : 312 cartes ; 156 rouges et 156 noir
donnant un total de 2,040 points.

Si l'on voulait se donner la peine de noter les points de chaqu
coup d'une taille, y compris le coup final incomplet, on trou
verait invariablement 2,040 points.

═══════════

Vouloir être certain, à heure fixe, du retour d'une figure que conque de Roulette ou de Trente et quarante, c'est évidemment chose absurde. Y a-t-il un motif pour que la bille lancée par le croupier aille tomber dans telle case plutôt que dans telle autre? — Non.

De même, au Trente et quarante, après les 29 coups qui, en moyenne, épuisent un sixain de cartes, y a-t-il une raison pour que tel coup se présente plutôt que tel autre, puisque, après chaque taille, les cartes sont régulièrement mêlées et coupées? Évidemment non!

Ce n'est pourtant pas ce que prétendent ceux qui jouent la série, — le coup de 3 — de 4 — de 5, etc.; — la masse en avant, plus une fois la mise, — et la martingale, — et le paroli; soit avec, soit contre la Banque; — et la gagnante, ou contre la gagnante et *tutti quanti*, tous systèmes que d'autres que nous ont déjà pris soin d'expliquer et qui sont également défectueux.

Il est donc ridicule d'avoir la prétention de commander au hasard et d'en deviner les coups. Ce n'est qu'un effet de l'orgueil et de la superstition de bon nombre de joueurs.

Cependant, bien que le hasard soit inexpugnable, un plan plus ou moins bien conçu met le joueur à l'abri des entraînements du jeu d'inspiration et lui permet de défendre son argent plus longtemps.

Il arrive parfois alors un de ces rares bonheurs, qui fournit au joueur le coup calculé et demandé, dans le système qu'il emploie. Qu'il sache au moins en profiter; car s'il ne quitte le tapis vert, les incontestables avantages de la Banque lui enlèveront bientôt son bénéfice et le capital qu'il aura risqué!

On sait que les principaux avantages que la Banque a sur le joueur sont les zéros, — le refait — et la limite des enjeux à un certain chiffre maximum, ce qui est la ruine de la martingale et du paroli sur la série, le grand jeu des Russes.

MÉTHODE NOUVELLE

ET LA MOINS COUTEUSE

POUR DOUBLER CHAQUE JOUR SON CAPITAL

EN QUATRE HEURES.

DEUXIÈME PARTIE.

Décembre 1863.

Six mois se sont écoulés depuis que nous avons écrit la première partie de cette brochure.

Pendant ce temps, il nous tomba sous la main un extrait d'un ouvrage connu, mais arrangé et signé par un Monsieur G. L. H. B., lequel s'évertue à nous démontrer, en quinze pages d'un ensemble de 125 lignes, ce que c'est que la couleur rouge et la noire ; quels sont les numéros pairs et impairs.

Comme nous croirions faire affront à nos lecteurs en ne les supposant point initiés à ces mystères d'une science que l'on enseigne aux bambins, dans les dernières classes des écoles moyennes inférieures, nous aborderons directement la combinaison que nous trouvons la moins coûteuse et que nous conseillons aux amateurs, non comme spéculation, mais comme un passe-temps capable d'offrir plus de chances de gain que tout ce qui a été dit jusqu'à ce jour sur ce sujet, jusques et y compris le fameux moyen de gagner 200 fr. par heure, démontré par Monsieur G. L. H. B., dont voici tout le canevas, qui, on le verra bientôt, se détruit par le plus simple raisonnement :

Son système consiste à jouer une transversale de six numéros — (et non sur six numéros à la fois, ce qui est tout autre chose, puisqu'il faut un enjeu six fois plus fort) — et à établir les enjeux de telle sorte que le joueur retire, à chaque coup de gain, un bénéfice plus ou moins élevé sur tous les coups qui ont été joués.

Il établit ensuite une échelle de 35 coups, et s'écrie : « Si nous perdons 34 fois de suite, il faut que le 35ᵉ coup nous laisse un gain ! »

Pourquoi donc, s'il vous plaît?

Parce que, nous dit éloquemment Monsieur G. L. H. B., d'après un pointage de 400 coups joués, il n'arrivera qu'une fois sur deux cents, que l'on aura joué 35 coups de suite sans jamais gagner!!!

Ceci équilibrerait donc toutes les chances de la Roulette et les retours périodiques des numéros dans une limite de 400 coups, et une moyenne de 35.

Errare humanum est!

L'auteur du *Système de la Maturité des Chances* conseille, d'autre part, d'attendre qu'un numéro soit resté 350 coups sans sortir, pour le jouer avec une presque certitude de réussir ;

Or, il sort en moyenne cent numéros par heure, donc plus de 350 coups en quatre heures ;

Or, il résulterait, d'après le système G. L. H. B., que l'on devrait gagner 800 fr. en quatre heures, et cela 199 fois sur 200.

Mais il est arrivé maintes fois qu'un ou plusieurs numéros soient restés plusieurs jours sans sortir !

Ceci étant bien reconnu des joueurs, il nous paraît, dès lors, que le système G. L. H. B. est aussi dérisoire que bien d'autres, puisqu'il repose sur une des bases qui se rapprochent le moins de l'équilibre raisonnable qui, selon d'autres systèmes, ramène certains coups à une époque plus ou moins fixe.

Qu'il nous soit permis, avant d'entrer en matière, de faire une simple proposition au généreux G. L. H. B.

« Puisque *vous garantissez* à tout joueur qui ne s'écartera pas de votre ligne de conduite un *bénéfice certain* (sic) *de* 200 *fr. par heure*, je vous offre, moyennant garantie, le capital qu'il faut pour jouer votre jeu, et je vous abandonne, pour le jouer vous-même, la moitié des *gains* que vous devez *infailliblement* amasser. »

Notre système, à nous, c'est de jouer la gagnante sur deux chances à la fois :

1º Sur la douzaine,

2º Sur la colonne perpendiculaire.

Je m'explique :

Supposons que le n° 15 vienne de sortir ;

Vous jouez une pièce à la seconde douzaine, marquée 12 M, douze milieu ;

Et une pièce à la 3ᵉ colonne — du 3 au 36 — du tableau des numéros.

Si un numéro contenu dans les 12 M ou la 3ᵉ colonne sort, vous gagnez en somme une pièce, puisque perdant d'un côté une mise, elle vous est remboursée au double de l'autre.

Si la Roulette amène un numéro qui se trouve à la fois dans les deux chances misées, — cela arrive assez souvent, — vous gagnez alors quatre pièces, puisque la Banque paye deux fois la mise sur chacune des chances qui contiennent douze numéros.

Vous recommencez ensuite le même jeu : Une pièce de chaque côté, sur la douzaine et la colonne où se trouve le numéro sorti en dernier lieu, et ainsi de suite.

La marche est la même en cas de perte ; seulement, alors, les enjeux croissent proportionnellement, — comme on le verra par les tableaux ci-joints, — de manière à ce que chaque coup joué donne au premier numéro gagnant, sur une seule chance, le remboursement de toutes les mises perdues précédemment, plus une pièce de bénéfice par coup joué, — et en cas de gain sur les deux chances misées, le double du capital exposé antérieurement, plus deux pièces de bénéfice par coup.

Comme notre manière de jouer est aussi productive que rapide, nous produisons ci-après deux tableaux où sont échelonnées les mises progressives, en sept coups sur chaque tableau.

Pour jouer le premier tableau, il faut 2,300 pièces de 2 francs.

Pour le second, il en faut 2,786.

Il est évident que la somme devient moins forte si l'on expérimente à Wildungen, où le minimum des mises à la Roulette est d'un franc vingt-cinq centimes, — $1/_3$ de thaler ;

Ou bien à Saxon, où l'on peut jouer un franc !

Or, nous n'avons pas la prétention, je le répète, d'être plus maître du sort qu'autrui ; mais comme un joueur qui veut essayer d'un système aime autant, pour risquer la somme qu'il consacre au jeu, choisir le plus expéditif, nous avons la certitude qu'étant un peu favorisé de la fortune il préférera porter son capital au chiffre nécessité par l'une ou l'autre de nos deux opérations, attendu que s'il les étudie avec attention il y verra ce que nous disions tout à l'heure :

Pour être rapide, la marche n'en est que plus productive.

En effet, nous trouvons dans la méthode de G. L. H. B., qu'après avoir exposé en 35 coups fr. 2,786-50, on n'obtient que fr. 3-50 de bénéfice net, si le 35° coup amène toutefois un numéro gagnant.

Ne vaut-il pas mieux exposer le même capital à Wildungen ou à Saxon en sept coups, alors que d'après nous, en cas de gain *d'un seul côté,* vous avez une pièce de bénéfice par coup joué ; et votre capital exposé, doublé, plus deux pièces de bénéfice par coup en cas de *réussite entière,* c'est-à-dire si le numéro gagnant se trouve compris dans les deux chances misées?

Mais, dira-t-on, je préfère jouer 35 fois que 7, avec le même capital. — Erreur ! Car vous devez préférer de jouer votre capital de la manière la plus productive ; sans cela, *ne jouez jamais.*

N. B. Les deux tableaux ont absolument le même système pour base d'opération. Seulement, dans le premier, les rentrées avec bénéfice ne sont progressivement croissantes qu'à partir du 3° coup ; — dans le second elles le sont partout.

Cette légère différence n'a qu'un seul but : celui de rendre notre méthode accessible à toutes les bourses.

TABLEAU N° 1.

CAPITAL : 2,300 PIÈCES.

COUPS.	ENJEU		TOTAL DES Pièces exposées.	EN CAS DE GAIN, Nombre de Pièces payées par la Banque	
	DE LA DOUZAINE GAGNANTE.	DE LA COLONNE GAGNANTE.		SUR UNE SEULE CHANCE	SUR LES DEUX CHANCES.
1er	1	1	2	3	6
2e	2	2	6	6	12
3e	9	9	24	27	54
4e	28	28	80	84	168
5e	85	85	250	255	510
6e	256	256	762	768	1536
7e	769	769	2300	2307	4614

N. B. Nous ne progressons pas les mises au delà du 7e coup, parce qu'aucune Banque ne nous tiendrait un enjeu plus élevé.

TABLEAU N° 2.

CAPITAL : 2,786 PIÈCES.

COUPS.	ENJEU		TOTAL DES Pièces exposées.	EN CAS DE GAIN, Nombre de Pièces payées par la Banque	
	DE LA DOUZAINE GAGNANTE.	DE LA COLONNE GAGNANTE.		SUR UNE SEULE CHANCE.	SUR LES DEUX CHANCES.
1er	1	1	2	3	6
2e	3	3	8	9	18
3e	11	11	30	33	66
4e	34	34	98	102	204
5e	103	103	304	309	618
6e	310	310	924	930	1860
7e	931	931	2786	2793	5586

N. B. Nous ne progressons pas les mises au delà du 7e coup, parce qu'aucune Banque ne nous tiendrait un enjeu plus élevé.

Post-Scriptum.

Nous ne considérons point les zéros comme numéros.

S'il arrive donc qu'un des zéros vienne à sortir, il faut évidemment s'abstenir le coup suivant, pour ne jouer, en progressant, que sur les deux chances comprenant chacune le numéro qui sera sorti immédiatement après les zéros.

C'est là le seul moyen de jouer véritablement la gagnante à la Roulette !

Pour ne citer qu'un exemple de réussite, c'est en employant ce système qu'au mois de septembre de cette année, à *Ems*, un riche Polonais gagna en quelques jours environ 70,000 florins, qu'il partagea aussitôt avec le comité de bienfaisance de Varsovie !

C'est également ce système que nous avons donné, à Hombourg, à un écrivain français. Huit jours après, et quoique ayant eu fort peu de chance, — car il n'avait sauté plusieurs fois qu'avec les bénéfices déjà acquis, — son capital de 2,786 florins était encore à peu près intact !

En un mot : Essayez de ce système, et vous vous en trouverez mieux que des autres.

N. B. Dans le cas où l'on sauterait au 7ᵉ coup, il faut recommencer par le coup de un, et ainsi de suite, à moins que les bénéfices déjà remportés ne permettent de continuer le jeu en redescendant la progression indiquée, c'est-à-dire en reprenant les 6ᵉ, 5ᵉ, etc. coups, au lieu de retourner au 1ᵉʳ, pour nouveau point de départ.

TABLEAU N° 3

De 400 coups de Roulette, joués sans interruption, d'après le tableau n° 1, après la sortie du n° 14, point de départ de l'opération, et ayant donné pour résultat 1,590 pièces de bénéfice.

1	2	3	4	5	6	7	8	9	10	11	12	13	14	15	16
5	34	12	5	31	36	26	9	8	9	23	10	14	20	13	19
15	6	19	4	30	6	0	1	27	6	34	32	15	4	12	10
12	14	4	27	32	32	33	2	17	30	27	9	23	21	21	15
11	19	3	28	22	15	17	2	30	32	22	27	18	15	20	16
32	3	27	23	0	11	13	33	8	22	7	35	10	35	16	30
32	00	17	27	1	20	3	36	17	35	35	26	8	6	16	12
19	8	13	18	28	2	24	16	27	15	34	11	20	29	32	19
15	16	8	8	30	18	13	29	33	2	9	34	5	9	26	22
21	00	21	34	29	28	11	4	00	22	31	6	24	23	34	9
5	3	3	25	19	35	26	36	14	7	31	4	24	35	5	10
16	0	31	18	14	30	20	4	11	3	35	25	28	24	0	2
33	26	17	21	0	27	12	8	0	29	15	8	28	27	10	24
24	17	33	11	5	34	5	27	32	17	12	18	22	6	28	12
32	00	25	10	5	33	23	24	10	29	28	28	22	20	21	20
25	8	32	11	12	00	25	11	22	9	14	12	24	9	34	24
24	7	21	25	18	16	13	0	11	9	29	9	21	8	16	00
36	22	26	30	31	23	20	32	22	11	6	27	13	5	28	19
27	24	34	2	28	7	19	34	7	10	32	13	23	30	9	27
16	14	22	23	4	2	33	14	5	25	17	12	6	23	19	15
19	1	0	19	15	32	4	19	23	12	14	20	33	2	11	4
7	24	27	7	22	21	30	34	18	24	33	0	4	15	24	35
30	5	27	22	9	3	21	31	18	28	26	1	9	11	00	5
16	3	7	21	14	28	34	29	21	10	29	17	16	29	20	23
10	21	14	12	28	26	25	00	14	35	26	3	18	31	17	35
1	17	13	14	10	34	2	36	15	12	29	36	32	14	7	29

TABLEAU N° 4

De 400 coups de Roulette, joués d'après le tableau n° 2 , après la sortie du n° 22 pris pour point de départ, et donnant pour résultat 254 pièces de bénéfice après avoir sauté au coup marqué * 18, avec 2,786 pièces.

1	2	3	4	5	6	7	8	9	10	11	12	13	14	15	16
17	25	5	27	10	7	6	20	10	12	3	8	29	22	31	8
20	17	3	4	16	30	7	30	29	27	7	14	32	10	26	0
34	32	5	24	5	13	23	26	9	33	00	17	34	19	00	0
4	0	15	3	6	22	0	5	19	00	11	27	29	17	8	2
15	16	23	7	31	3	14	00	2	15	1	27	11	00	21	36
15	36	25	13	35	8	20	14	13	29	30	2	4	13	30	3
22	20	32	14	19	0	35	13	6	6	21	17	30	12	26	29
31	11	10	30	1	12	26	3	10	0	19	17	7	17	22	9
16	15	34	34	25	12	11	9	36	8	33	00	23	00	8	9
19	4	17	9	27	3	30	9	6	13	15	21	16	28	24	6
00	1	27	35	32	14	33	31	19	5	4	4	20	5	32	11
33	00	21	00	19	3	1	2	3	* 18	14	3	3	11	23	36
4	18	22	28	28	5	34	19	32	30	7	35	8	30	33	5
35	25	8	27	1	34	30	23	19	23	14	20	27	18	0	17
22	29	16	28	7	21	5	32	25	36	19	34	2	19	14	11
24	18	12	25	4	9	00	35	8	3	30	22	28	00	36	32
9	12	12	13	7	28	20	23	26	33	21	10	22	16	29	30
7	16	31	0	8	0	9	10	14	21	12	4	32	21	9	3
27	35	2	34	30	32	12	19	36	3	29	17	18	3	3	30
18	23	30	19	26	16	33	32	10	29	30	22	17	36	30	25
25	22	4	33	11	10	29	2	14	16	31	00	16	4	28	34
7	33	32	17	29	32	16	19	8	13	25	2	10	7	17	32
31	2	28	23	25	2	23	8	23	17	2	29	30	5	23	16
6	24	0	25	20	13	0	6	33	21	14	0	10	36	14	34
22	12	9	25	36	3	16	16	30	28	18	16	0	31	25	25

N. B. Comme on le voit, sans le coup * 18, où nous avons sauté avec 2,786 pièces, la marche du tableau n° 2, suivie exactement, aurait rapporté 3,040 pièces de bénéfice, soit le capital primitif plus que doublé en 374 coups; — puisque nous avons rencontré 26 zéros, et que chaque zéro est un coup nul.

FIN.

TABLE.

www.ingramcontent.com/pod-product-compliance
Lightning Source LLC
LaVergne TN
LVHW021701170726
843501LV00007B/2656